어떻게 똑같이 나누지?

지은이 윤병무

시인이며 어린이 책 작가이다. 초등 국어 수학 사회 과학의 단원별 지식을 동시와 수필로 형상화하여 창발적 초등 융합 교육을 실현했다고 평가받은 '로로로 초등 시리즈'(20권)를 썼으며, 읽은 글(지문)을 나무 그림으로 간추리는 노하우을 제시한 '나무 문해력 초등 시리즈'(5권)를 썼다. 또, 아동·청소년을 위한 인성 교육서 『생각을 열어 주고 마음을 잡아 주는 성장기 논어』, 『옛일을 들려 주고 의미를 깨쳐 주는 성장기 고사성어』, 『속뜻을 알려 주고 표현을 살려 주는 성장기 속담』을 썼으며, 창작 그림 동화 『펭귄 딘딤과 주앙 할아버지』를 썼다. 지은이의 시집으로는 『당신은 나의 옛날을 살고 나는 당신의 훗날을 살고』, 『고단』, 『5분의 추억』이 있으며, 산문집 『눈속말을 하는 곳』이 있다.

그린이 이철형

이 책의 지은이와 단짝인 그린이는 '로로로 초등 시리즈' 중에서 16권과 '마음으로 생각하는 인성 공부 시리즈', 그리고 창작 그림 동화 『펭귄 딘딤과 주앙 할아버지』의 그림을 그렸다. 또 함민복 시인의 시 그림책 『악수』, 그리고 인문 교양서 『우화의 철학』과 『나를 위한, 감정의 심리학』의 그림을 그렸다.

후루룩수학 5

어떻게 똑같이 나누지?
뺄셈과 나눗셈

글 윤병무 그림 이철형

국수

소녀의 가족이 밥상 앞에 둘러앉았어.

소녀와 소녀의 아빠, 엄마, 남동생이었어.

저녁밥은 메밀국수와 옥수수였어.

엄마가 메밀국수 네 그릇과

찐 옥수수 다섯 개를 밥상에 올려놓았어.

소녀의 가족은 네 명이어서

옥수수도 네 개면 되었지만

엄마는 늘 나머지 한 개를 더 놓았어.

아빠가 소녀와 남동생에게 말했어.

"내일은 감자를 수확*하는 날이란다.

너희도 밭에 나와 일손을 거들면 좋겠구나."

예, 그럴게요!

소녀와 남동생이 동시에 똑같이 대답했어.

그래서 모두가 깔깔깔 껄껄껄 웃었어.

* 수확: 논밭에 심어 가꾼 곡식이나 채소를 거두어들이는 일.

소녀가 사는 산골 마을은 열 집도 안 되지만

이웃들이 서로 정답게 지냈어.

한 가족처럼 다정한 마을 사람들은

농사도 함께 짓고 수확도 함께 하여

농작물*을 똑같이 나누어 가졌어.

그래서 마을 사람들은 부자도 아니었지만

가난하지도 않았어.

* 농작물: 논밭에 심어 가꾼 곡식이나 채소.

이튿날 이른 아침부터 감자 캐는 일이 시작되었어.

아침 해가 산 위로 얼굴을 내밀자

감자 밭에 마을 사람들이 모여들었어.

이 마을의 여덟 집에 사는 사람들이었어.

마을에는 아홉 집이 있지만

아흔 살이 넘은 노인 부부만 사는 한 집만 빼고는

여덟 집의 사람들이 밭에 나와 열심히 일했어.

먼저 남자들이 나섰어.

남자들은 땅 위에 자란 감자 줄기들을 끊어 냈어.

감자 캐기를 쉽게 하려는 것이었어.

초록색 잎줄기*를 힘껏 끊어 내자 맨흙이 드러났어.

곧이어 밭이랑*마다 한두 사람씩 맡아 감자를 캤어.

수확할 감자는 땅속에서 자라 있었어.

사람들이 쪼그려 앉아 호미*로 밭이랑을 파헤칠 때마다

주먹만 한 감자들이 모습을 드러냈어.

* 잎줄기: 식물의 잎과 줄기를 아울러 이르는 말.
* 밭이랑: 밭의 사이사이에 흙을 높게 올려서 만든 두둑한 곳.
* 호미: 감자나 고구마를 캘 때 쓰는 쇠로 만든 농기구.

감자를 캐기 시작한 아빠가 소녀에게 말했어.

"문제 하나 낼게. 맞혀 볼래?

감자는 식물의 뿌리일까? 줄기일까?"

소녀가 바로 대답했어.

뿌리!

아빠가 웃으며 대꾸했어.

"고구마처럼 감자도 뿌리 같아 보이지만

감자는 고구마와 달리 식물의 줄기란다.

이런 식물 줄기를 덩이줄기*라고 한단다."

* 덩이줄기: 뭉쳐진 덩이 모양을 한 땅속줄기.

해가 서쪽으로 기울어질 즈음 감자 캐는 일을 마쳤어.

새참*을 먹으며 쉬던 마을 사람들이 이번에는
밭에 흩어진 감자들을 모아 포대*에 담았어.
단단히 묶인 포대들이 밭 여기저기에 놓였어.

* 새참: 일을 하다가 잠시 쉬며 먹는 음식.
* 포대: 종이, 가는 끈, 가죽 따위로 만든 큰 자루.

마을 사람들이 땀을 닦으며 일손을 놓았어.

마을 사람들이 감자 포대를 바라보며 궁금해했어.

집마다 몇 포대씩 나누어 가질 수 있을지 알고 싶었어.

덧셈과 **곱셈**이 단풍나무 위에서 지켜보고 있었어.

덧셈은 자신의 **+**로 바람을 일으켜서,

곱셈은 자신의 **×**로 바람을 일으켜서

단풍나무 씨앗처럼 훨훨 날아 내려왔어.

덧셈이 말했어.

"감자 농사를 참 잘 지었네요.

그런데 집마다 감자를 몇 포대씩 나누어야 할지를 알려면

수확한 감자가 모두 몇 포대인지를 알아야 해요.

그 일은 제가 잘할 수 있어요.

제가 세어 볼까요?"

마을 사람들은 **덧셈**과 **곱셈**을 처음 보았지만

감자 포대를 나누는 일을 돕겠다는 말에 친근감*을 느꼈어.

* 친근감: 친구처럼 사이가 아주 가까운 느낌.

마을 사람들의 밝은 표정을 읽은 **덧셈**이

밭 여기저기에 흩어진 감자 포대들 가까이 다가갔어.

그러고는 손에 쥔 숯*으로

감자 포대마다 숫자를 쓰기 시작했어.

* 숯: 나무를 불태워 구워 낸 검은 덩어리의 연료.

그 모습을 지켜보던 소녀가 곱셈에게 말했어.

"시간이 오래 걸리는구나.

며칠 전, 시장에서 만난 소년이 그러던데,

곱셈으로 수를 세면 더 빠르다던데…….

곱셈인 네가 포대 수를 세면 안 될까?"

소녀와 마을 사람들이 **곱셈**을 바라보았어.

곱셈이 뒷머리를 긁적이며 소녀에게 대꾸했어.

"네 말대로, 나는 **덧셈**보다 빠르게 수를 셀 수 있어.

하지만 그러려면 '세어지는 것'이

반드시 **묶음**으로 되어 있어야 해.

예를 들면, 만약에 **다섯 묶음**이 **셋** 있으면

5×3=15인 것을 나는 금세 알지.

그런데 지금 감자 포대는 여기저기 흩어져 있잖아.

이런 경우는 **묶음**으로 나타낼 수 없어.

그래서 이 상태로는 **하나씩 하나씩** 세어야 해."

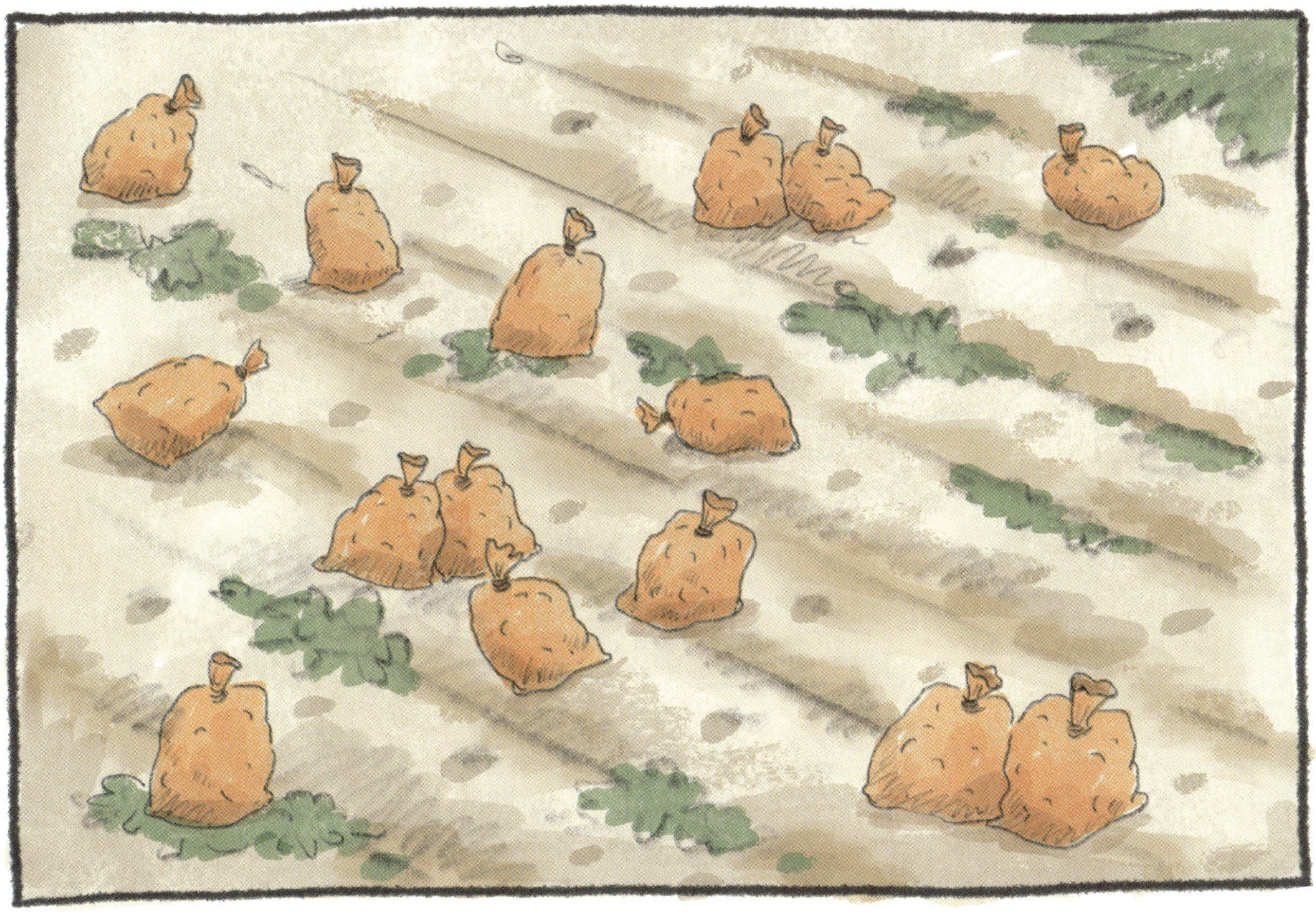
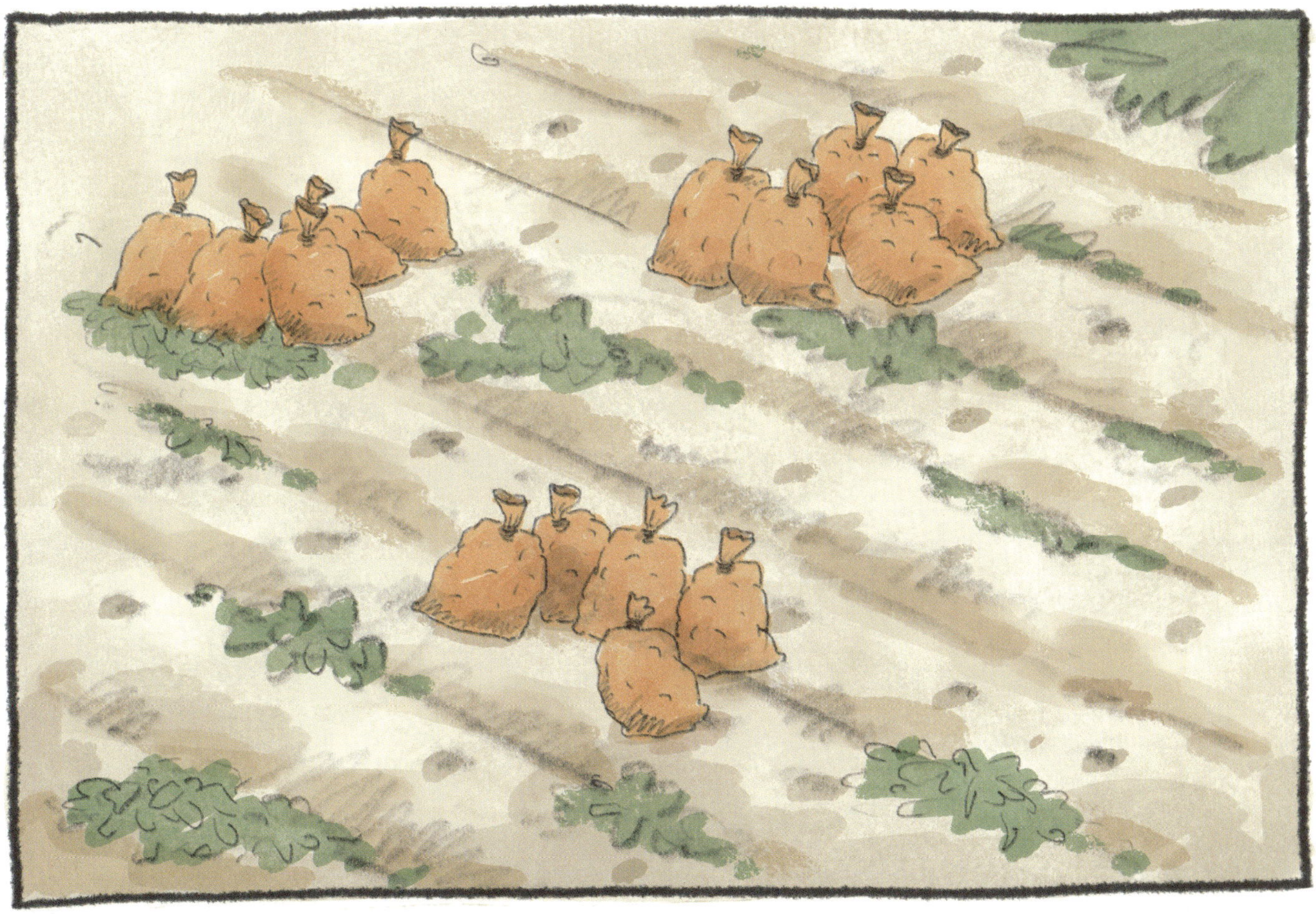

소녀가 고개를 끄덕였어.

소녀와 곱셈이 대화를 하는 동안에도

덧셈은 감자 포대를 세는 일에 집중했어.

마을 사람들은 느긋한 마음으로 기다렸어.

덧셈이 감자 포대 개수를 거의 다 셌어.

마침내 포대마다 빠짐없이 숫자를 쓰며 **덧셈**이 말했어.

"일흔셋, 일흔넷, 일흔다섯!

오늘 수확한 감자는 모두 **일흔다섯** 포대입니다."

마을 사람들이 웃으며 고개를 끄덕였어.

소녀가 덧셈에게 물었어.

그럼,
집마다 몇 포대씩 나누어
가지면 되니?

덧셈의 얼굴만 바라보는 마을 사람들에게

덧셈이 기어 들어가는 목소리로 대답했어.

"그건…… 저는 몰라요.

저는 덧셈만 할 줄 아니까요……."

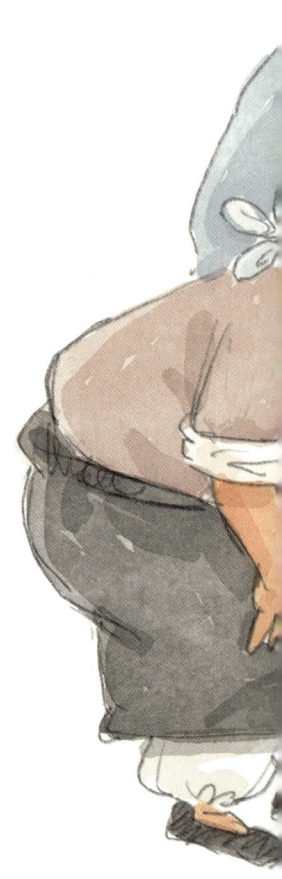

그때, 어디선가 화살처럼 빨셈이 나타났어.

빨셈의 모자는 덧셈의 모자보다 간단한 모양이었어.

뺄셈이 소녀에게 말했어.

"수확한 감자를 집마다 몇 포대씩 나눌 수 있는지는 내가 알려 줄 수 있어."

마을 사람들이 손뼉 치며 뺄셈을 반겼어.

뺄셈이 다시 소녀에게 말했어.

"다만, 그러려면 힘센 몇 분이 나를 도와서

감자 포대들을 여덟 곳으로 옮겨 주어야 해."

뺄셈의 말에, 집마다 한 사람씩 앞에 나섰어.

뺄셈이 덧셈에게 숯을 빌렸어.

그러고는 밭 한쪽에 여덟 자리를 표시했어.

뺄셈이 여덟 사람에게 말했어.

"제가 가리키는 곳으로 감자 포대를 하나씩 옮겨 주세요.

일흔다섯 포대에서 한 포대씩 빼는 일을 하는 거예요."

여덟 사람이 **뺄셈**이 가리키는 **여덟** 곳으로

감자 포대를 **하나씩** 들어서 날랐어.

첫 번째 자리에 감자 포대 하나가 놓였어.

두 번째 자리에 감자 포대 하나가 놓였어.

세 번째 자리에 감자 포대 하나가 놓였어.

네 번째 자리에 감자 포대 하나가 놓였어.

다섯 번째 자리에 감자 포대 하나가 놓였어.

여섯 번째 자리에 감자 포대 하나가 놓였어.

일곱 번째 자리에 감자 포대 하나가 놓였어.

여덟 번째 자리에 감자 포대 하나가 놓였어.

그때마다 흩어져 있던 감자 포대는 **하나씩** 줄었어.

일흔다섯, 일흔넷, 일흔셋, 일흔둘, 일흔하나, 일흔,

예순아홉, 예순여덟……

마을 사람들은 또 지루했어.

지금 하는 방법은 전부터 마을 사람들이

농작물을 똑같이 나누어 가지던 방식이었어.

지난해 옥수수 수확 때도,

고추, 참깨, 배추 수확 때도 지금처럼

수확한 것에서 **한 포대씩, 한 포대씩** 여러 번 빼내어

집마다 나누어 가졌어.

마을 사람들은 그 방법이 **뺄셈**인지는 몰랐지만.

그래도 포대를 옮기는 여덟 사람은

뺄셈이 가리키는 대로 묵묵히* 포대를 날랐어.

잠자코 지켜보던 소녀가 나서서 **뺄셈**에게 말했어.

이 방식보다 **더 빠른 다른 셈법***은 없니?

곱셈처럼 **뺄셈**도 뒷머리를 긁적이며 대답했어.

"그건…… 나는 몰라.

나는 **뺄셈**만 할 줄 아니까……."

* 묵묵히: 말없이 가만히.
* 셈법: 계산하는 방법.

그때, **응**이라는 글자 같은 모자를 쓴

나눗셈이 참나무 꼭대기에서 사뿐히 내려왔어.

나눗셈이 소녀에게 대뜸 말했어.

"집마다 **아홉 포대씩** 가져가면 돼.

그러면 **여덟** 집이 똑같이 나누는 거야.

그러고 나면 **세 포대**가 남을 거야."

나눗셈의 똑 부러지는 말에

소녀도, 마을 사람들도 눈이 동그래졌어.

그래도 감자의 몫이 집마다 아홉 포대라는

나눗셈의 말은 마을 사람들의 귓속에 쏙 들어왔어.

소녀가 나눗셈에게 물었어.

한 집의 몫이 아홉 포대라는 것을
너는 어떻게 금세 알아냈어?

그것을 알아내는 일은 내게 쉬워.

나눗셈이 빙그레 웃으며 대답했어.

나눗셈이 소녀에게 이어서 말했어.

"수확한 감자가 모두 몇 포대니?"

소녀가 대답했어.

"**일흔다섯** 포대."

나눗셈이 소녀에게 다시 물었어.

"그것을 나누어 가질 집이 모두 몇 집이니?"

소녀가 또 대답했어.

"**여덟** 집."

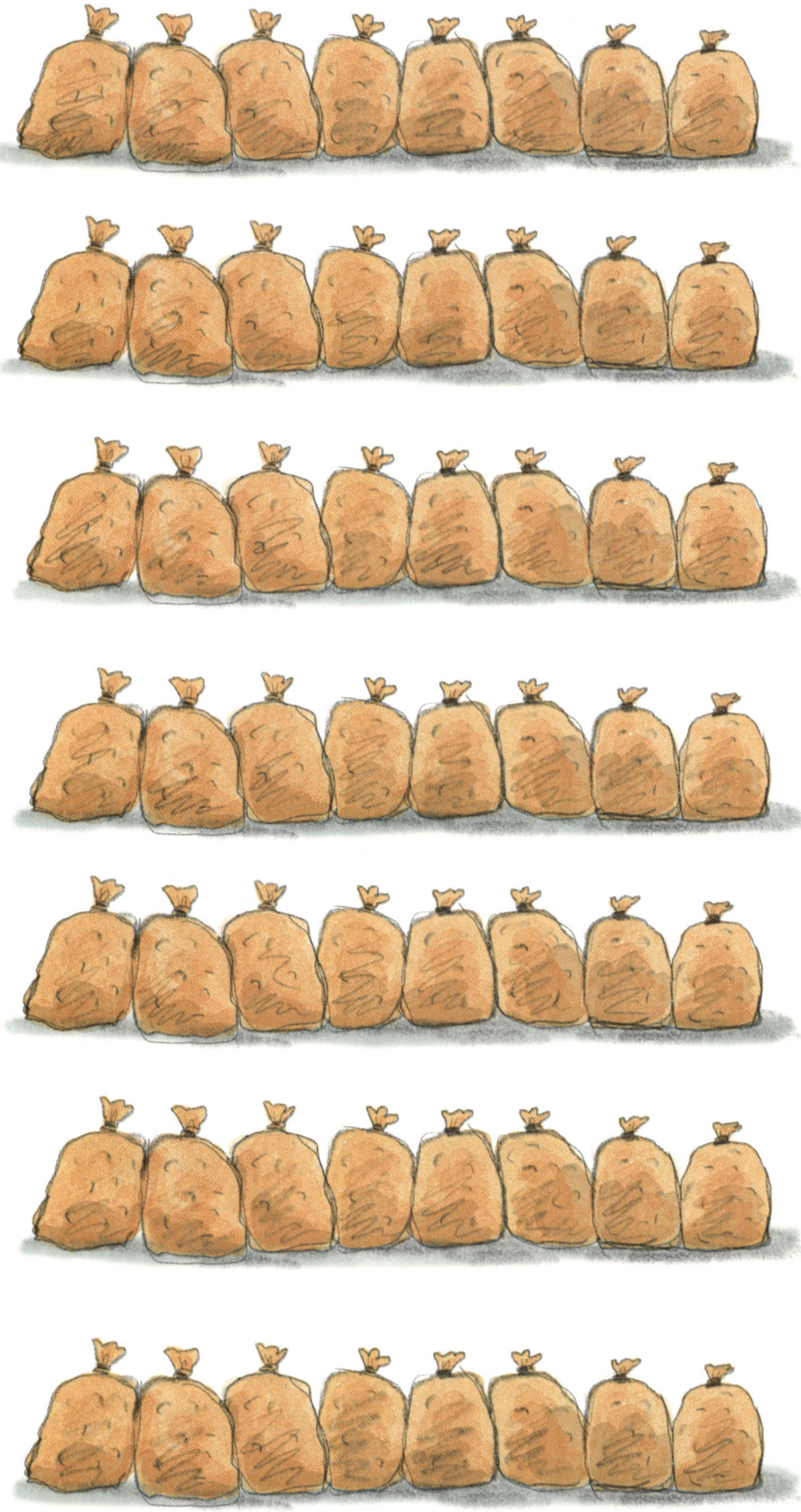

나눗셈이 말했어.

"그러니까, 75에서 8을 거듭 덜어 내면

여덟 집이 똑같이 나눌 **몫**을 알 수 있어.

다시 말하면,

75포대를 8포대씩 묶어서

몇 번까지 덜어 낼 수 있을지를 알아내면 돼.

알아낸 그 **횟수**가 바로

75포대를 똑같이 나눌 **몫**이야.

그러고도 남는, 더는 나눌 수 없는 3포대가 **나머지**야."

빨셈이 나눗셈에게 말했어.

"그래?!

　75에서 8을 거듭 덜어 낸다는 말은

　75에서 8을 거듭 뺀다는 말과 같은 뜻이겠네?"

그러고는 빨셈이 땅바닥에 이렇게 썼어.

75 - 8 = 67   (한 번 덜어 냄)

67 - 8 = 59   (두 번 덜어 냄)

59 - 8 = 51   (세 번 덜어 냄)

51 - 8 = 43   (네 번 덜어 냄)

43 - 8 = 35   (다섯 번 덜어 냄)

35 - 8 = 27   (여섯 번 덜어 냄)

27 - 8 = 19   (일곱 번 덜어 냄)

19 - 8 = 11   (여덟 번 덜어 냄)

11 - 8 = 3   (아홉 번 덜어 냄)

가만히 지켜보던 **나눗셈**이 대꾸했어.

"맞아. 75는 8씩 아홉 번 덜어 낼 수 있어.

그래서 75를 8로 나누면 **몫**은 **9**이고, **나머지**는 **3**이야.

이것을 **나눗셈 식**으로는 이렇게 써."

$$75 \div 8 = 9 \cdots 3$$

그때, 곱셈이 나서서 말했어.

"8씩 덜어 낸다는 말은

8의 배수*를 나타내는 것이잖아?

그래서 몫은 곱셈으로도 알아낼 수 있구나!

8 곱하기 9는 72이잖아.

이것을 곱셈 식으로는 이렇게 써."

8 × 9 = 72

* 배수: 어떤 수의 갑절이 되는 수.

빨셈이 다시 나서서 말했어.

"그럼 나머지는 뺄셈으로 알아낼 수 있구나!

75 빼기 72는 3이잖아.

이것을 뺄셈 식으로는 이렇게 써."

$$75 - 72 = 3$$

나눗셈이 웃으며 대답했어.

"너희 말이 맞아. 나눗셈을 하려면

덧셈, 곱셈, 뺄셈 모두의 도움이 필요해."

지켜보던 소녀의 아빠가 나서서 말했어.

"나눗셈과 그의 친구들 덕분에

우리는 집집의 몫을 쉽게 알게 되었습니다.

똑같이 나누고 남는 나머지 세 포대는

마을의 아홉 번째 집에 사시는 노부부*께 드립시다."

마을 사람들이 웃으며 손뼉 쳤어.

* 노부부: 늙은 부부.

마을 사람들이 감자 아홉 포대씩을

가족마다 수레에 싣고 집으로 갔어.

소녀 가족도 떠날 준비를 했어.

소녀는 빈 밭을 걸으며 생각에 잠겼어.

밭에 감자 두 개가 흘려 있었어.

감자 두 개 사이에 소녀가 반듯이 누워 보았어.

그 모양이 꼭 **나눗셈 기호*** 같았어.

소녀는 분홍빛 하늘을 올려다보며 혼잣말을 했어.

* 기호: 어떤 뜻을 나타내기 위하여 쓰는 모양, 문자, 표시를 통틀어 이르는 말.

그래!
뺄셈보다 빠르고 편리한 나눗셈은
몫과 나머지를 알려고 생겨난 셈법이야!

후루룩수학 ⑤
어떻게 똑같이 나누지?
뺄셈과 나눗셈

초판 발행일 2024년 5월 22일

지은이 윤병무 | 그린이 이철형

펴낸곳 국수

등록번호 제2018-000158호

주소 경기도 고양시 일산동구 진밭로 36-124

전화 (031) 908-9293 | 팩스 (031) 8056-9294

전자우편 songwriter@kuksu.kr

ⓒ 윤병무, 이철형, 2024, Printed in Goyangsi, Korea

ISBN 979-11-90499-59-0 77410

ISBN 979-11-90499-47-7 (세트)

책값은 뒤표지에 쓰여 있습니다.

이 책의 저작권은 지은이와 그린이에게, 출판권은 '국수'에 있습니다.

이 책 내용의 전부는 물론이고 일부라도 재사용하려면 반드시 '국수'의 동의를 얻어야 합니다.

잘못 만들어진 책은 구입하신 서점에서 교환해드립니다.

① 어떤 수를 회장으로 뽑지?: 수의 쓰임과 자릿수

② 평각 삼각형도 있나요?: 평면도형

③ 길이 재기 대회를 한대!: 길이 단위

④ 더 빨리 셀 수 있다고?: 덧셈과 곱셈

⑤ 어떻게 똑같이 나누지?: 뺄셈과 나눗셈